N° 4367

CHAMBRE DES DÉPUTÉS

Douzième Législature. – Session de 1922

ANNEXE DU PROCÈS-VERBAL DE LA SÉANCE DU 30 MAI 1922

PROPOSITION DE LOI

CONCERNANT LA CRÉATION, L'ORGANISATION ET LES ATTRIBUTIONS D'ASSEMBLÉES REPRÉSENTATIVES ÉLUES DANS LES COLONIES ET PAYS DE PROTECTORAT QUI EN SONT DÉPOSSEDÉS

(Renvoyée à la Commission de l'Algérie, des Colonies et des Protectorats)

PRÉSENTÉE PAR

MM. Georges Boussenot, Valude, Taittinger, Petit, Paul Bluysen, Georges-Barthélemy (Pas-de-Calais), Ernest Outrey, Diagne, Morinaud, Accambray, Roux-Freissineng, Gasparin, Fiori, Anteriou, Députés.

EXTRAIT DE L'EXPOSÉ DES MOTIFS

MARSEILLE

TYPOGRAPHIE ET LITHOGRAPHIE BARLATIER

17-19, Rue Venture, 17-19

1922

PROPOSITION DE LOI

CONCERNANT LA CRÉATION, L'ORGANISATION ET LES ATTRIBUTIONS D'ASSEMBLÉES REPRÉSENTATIVES ÉLUES DANS LES COLONIES ET PAYS DE PROTECTORAT QUI EN SONT DÉPOSSÉDÉS

EXTRAIT DE L'EXPOSÉ DES MOTIFS

ANALYSE ET JUSTIFICATION DU TEXTE PROPOSÉ

Nous allons maintenant indiquer successivement et les idées maîtresses et les dispositions mêmes de la proposition de loi que nous soumettons à votre approbation. Qu'avons-nous voulu en la déposant ? Réaliser ceci :

1° Substituer aux conseils existants, fonctionnarisés et consultatifs, et dont la plupart des membres doivent leur désignation aux chefs des colonies, des assemblées *élues* et représentant de par leur composition, dans la plus large mesure possible, l'ensemble des intérêts locaux, français et indigènes ;

2° Donner à ces assemblées élues, sous certaines conditions, un droit d'initiative ;

3° Leur concéder des pouvoirs réels de délibération et de contrôle sous la double réserve que les *assemblées ne pourront discuter d'aucune question d'ordre politique* et que leur droit de délibération ne saurait, en matière budgétaire, les autoriser à refuser le vote de certaines dépenses dites de souveraineté.

Tels sont les principes essentiels, directeurs de notre proposition de loi. Voyons comment nous avons appliqué ces principes dans le texte.

Désignation des Membres du Haut Conseil Colonial. — Cette désignation se fait exclusivement par la voie de l'élection, pour toutes les colonies.

2

Y avait-il en ce qu'il en soit ainsi des impossibilités de principe ou de fait ? A cela nous répondrons catégoriquement par la négative. Il n'y a point d'impossibilité de principe : nous n'avons pas à la démontrer. Quant aux impossibilités de fait, elles n'existent que dans l'esprit des gens qui, jugeant excellent le régime actuel, n'ont nulle envie et n'éprouvent nul besoin de le voir modifier.

En effet, qu'avons-nous dans le collège électoral duquel sortiront nos futures assemblées ? Des Français et des Indigènes ? Pour les Français, nulle difficulté. Ils voteraient s'ils étaient dans la métropole ; il n'y a donc pas de raison que l'exercice de leur droit d'électeur leur soit discuté aux colonies. Ce qui, à l'heure actuelle, peut apparaître choquant, c'est que pendant des années et des années ils aient pu être en terre française, privés d'un droit qui normalement, légitimement, aurait dû les suivre dans les pays où ils allaient s'installer, vivre et produire. Or, non seulement ceux de nos compatriotes qui se sont ainsi déplacés d'un point du territoire à l'autre se sont vu amputer de leurs capacités politiques — seules les Antilles, la Guyane, l'Inde, la Cochinchine, la Réunion, ont des représentants au Parlement — mais ils n'ont pas eu le moyen de prendre une part active à la gestion des grands intérêts de la colonie dans laquelle ils se sont fixés. On les a bien admis, dans certaines de nos possessions lointaines, à élire des Chambres dites Consultatives du Commerce et de l'Agriculture, voire même des municipalités. Mais on n'a pas été plus loin et d'aucuns ont pensé et écrit qu'il était jusqu'ici prématuré de leur permettre de constituer des assemblées ayant pour attribution essentielle l'examen et le vote des budgets locaux. Aptes à prendre une part importante dans la gestion des affaires d'un centre, d'une ville, ils ne l'étaient pas quand il s'agissait d'exprimer leur sentiment sur la manière dont était administrée la colonie. Une pareille thèse est insoutenable. Les Gouvernements l'ont compris et peu à peu, dans certaines régions, ils ont rendu à nos compatriotes coloniaux les libertés dont on les avait privés. Or, si les Français installés en Cochinchine et au Sénégal, par exemple, ont été gratifiés sous la forme d'un Conseil colonial, d'une assemblée délibérante issue directement du suffrage universel, il n'y a point de raison pour que ceux de l'Afrique Occidentale, de Madagascar et de Saint-Pierre et Miquelon, aussi dignes d'intérêt et de considération que les premiers, ne jouissent pas des mêmes prérogatives. A ce sujet, il nous paraît intéressant de donner ici quelques chiffres ; ce sont ceux, arrêtés d'après les dernières statistiques, de la population de nos différentes possessions d'outre-mer:

Colonies	Superficie en kilomètres carrés	Population	
		française	globale
Afrique Occidentale	4.600.000	7.793	12.974.060
Afrique Equatoriale	2.256.000	1.972	2.848.751
Madagascar ....:	580.000	18.130	3.387.963
Indochine	804.000	16.256	10.681.097
Saint-Pierre et Miquelon...	242	3.918	3.918
Océanie	3.060	12.500	41.500
Côte des Somalis	120.000	1.500	64.794
Nouvelle-Calédonie	20.000	13.138	47.505
	8.383.302	91.228	39.049.593

Les chiffres qui précèdent se rapportent à l'étendue territoriale et à la population des diverses parties de notre domaine colonial, Afrique du Nord, Antilles, Réunion, Guyane et Indes exceptés. Mais au point de vue spécial où nous nous plaçons, il nous paraît utile d'indiquer également le nombre pour chacune des possessions lointaines que nous envisageons des citoyens français, électeurs pour la désignation des membres du Conseil Supérieur des colonies, c'est-à-dire qui, demain, seront également électeurs pour la nomination des Assemblées dont nous demandons la création. Car il y a, en effet, ce fait curieux : alors que les textes en vigueur n'ont point encore institué des assemblées locales, il y a une série de décrets, dont le dernier, en date est du 28 septembre 1920, qui ont organisé et remanié un conseil dit Conseil supérieur des colonies, dont les membres sont élus au suffrage universel direct. Ce conseil, il est vrai, que M. Albert Sarraut a voulu ranimer et faire sortir de son long sommeil, n'est qu'un organe purement consultatif. Et c'est sans doute pour cela que pendant plus de vingt ans, quoiqu'il eût une existence légale, le Gouvernement oublia de le réunir et de le consulter !

Voici maintenant le tableau indiquant le nombre, par colonie, des électeurs inscrits et, en regard, le chiffre de la population française (Français d'origine ou naturalisés).

Colonies	Nombre d'électeurs inscrits aux dernières élections	Population française globale
Afrique Occidentale	1.964	7.793
Afrique Equatoriale	692	1.972
Madagascar	4.462	18.130
Océanie	3.690	12.500
Indochine (Cochinchine comprise)	5.858	16.256
Saint-Pierre et Miquelon	1.105	3.918

Ces renseignements nous ont paru utiles à produire, car il eût été difficile de se faire une idée exacte du nombre des citoyens électeurs d'après les seules indications chiffrées de la population. Dans certaines de nos colonies, en effet, en raison de ce que les Français qui y résident ont en général peu de famille — femme et enfants — avec eux, la proportion des hommes au-dessous de vingt un ans par rapport au chiffre global de la population française est plus grande qu'en Europe. Déduire le nombre de premiers de l'importance de la seconde eût donc conduit à une estimation inférieure à la réalité.

En ce qui concerne maintenant la représentation indigène dans les assemblées dont nous demandons la création, il ne nous paraît pas qu'on puisse trouver personne pour en discuter le principe. Dans tous les discours qui ont été prononcés au Parlement sur la question de la politique indigène, il n'y a point un seul orateur, ministre, sénateur ou député, qui n'ait reconnu la nécessité de donner aux autochtones, qui paient la plus grosse partie de l'impôt, une place, de plus en plus grande, dans la gestion des affaires de leur pays. Or, cette collaboration entre français d'outre-mer et indigènes, il ne faut pas cependant qu'elle n'existe seulement que dans les mots : il faut qu'elle soit et s'affirme dans les faits. Et ce n'est pas parce que dans ces assemblées fonctionnarisées que sont les conseils actuels du Gouvernement ou d'administration, on introduira un ou deux notables indigènes, soigneusement choisis par l'Administration locale, qu'on aura réalisé cette collaboration. Non. Il faut que les indigènes qui entrent dans les assemblées y soient d'abord en nombre suffisant pour y faire bonne figure, et aussi qu'ils tirent leur mandat de leurs compatriotes et de leurs compatriotes seuls.

Et voilà pourquoi nous avons tout d'abord, quant au nombre, fixé au tiers environ le chiffre de la représentation

des autochtones au sein de la plupart des hauts conseils coloniaux à créer. Mais nous avons été plus loin encore. Dans
l'article 2 de notre proposition, il est spécifié que les assemblées locales se composeront d'un certain nombre de membres,
dont douze membres indigènes *au moins*. Pourquoi ce libellé ?
Parce que nous estimons que plus nos populations coloniales
autochtones évolueront, et plus la part faite à l'élément représentant ces populations devra être large. La politique de la
France ne doit pas être, dans ces pays lointains où elle plante
son drapeau, une politique de domination indéfinie. Il faut
entrevoir l'instant, le jour où, la colonisation française aura
fait son œuvre, où les liens économiques et politiques entre la
métropole et ses colonies étant si puissants qu'ils seront
devenus indestructibles ; la France pourra dire à ces peuples
qu'elle aura définitivement, parce que moralement conquis :
« Gouvernez-vous vous mêmes ! » C'est là, Messieurs, n'est-il
pas vrai, l'étape ultime à laquelle nous devons arriver. Or, si
nous n'en sommes pas déjà là, et si pendant de longues années
encore certaines de nos possessions devront vivre et s'admi-
nistrer dans le cadre de la souveraineté française et sous la
tutelle bienveillante des représentants du pouvoir métropolitain, il faut songer à préparer prudemment, par avances
successives, cette évolution que nous désirons. Oui, nous la
désirons et nous devons la désirer parce qu'elle est conforme à
nos traditions, à notre idéalisme et, aussi, parce que le fait de
proclamer hautement qu'on la favorise est de nature à inspirer
confiance aux peuples dont nous nous sommes institués les
guides, à nous garantir leur loyalisme et nous gagner leurs
sympathies. Si, dans quelques-unes — et très rares — de nos
colonies où l'élément intellectuel indigène a, parfois manifesté
quelque impatience, il y avait eu des assemblées locales où ce
dernier aurait pu librement, c'est-à-dire sans encourir de
représailles, faire entendre sa voix, bien de petites manifes-
tations, bien de petits heurts entre l'Administration locale et
cet élément éminemment intéressant ne se seraient pas pro-
duits. Et c'est précisément parce que nous considérons que, le
temps et l'œuvre d'apprivoisement des masses indigènes
aidant, nous arriverons à donner à ces masses une place de
plus en plus grande au sein des assemblées locales élues, que
nous avons, dans notre proposition de loi, voulu donner au
Gouvernement le droit de renforcer, par voie de simple décret,
la représentation des populations locales.

Nous avons également — et c'est là un point qui soulèvera sans doute certaines controverses — faire désigner les représentants indigènes par la voie d'élection. Oui, parce que nous estimons d'abord qu'il n'y a point d'autre moyen de donner à ces représentants l'autorité et l'indépendance qui leur sont nécessaires, et ensuite parce que nous jugeons que le système est d'une application pratique et facile à la fois.

Loin de nous la pensée de vouloir doter tous les indigènes du bulletin de vote dont ils ne sauraient d'ailleurs se servir. L'exercice du suffrage universel suppose, en effet, une instruction générale et nous ajouterons même une éducation morale et civique que la grande majorité des indigènes ne possèderont pas avant de longues années. Au surplus, nous demandons que seuls soient éligibles ceux des indigènes qui, ayant plus de 25 ans et n'ayant subi aucune condamnation, savent parler couramment le français et figurent sur les rôles des patentes ou de l'impôt foncier. Ces conditions constituent une sorte de crible sélectionnant déjà ceux appelés et à former des collèges électoraux et à entrer dans la composition des assemblées dont nous réclamons la création.

Nous avions pensé également conférer aux anciens militaires titulaires d'une décoration, Légion d'Honneur ou Médaille Militaire, le droit d'éligibilité. A *priori*, il y avait là, en effet, une façon de donner à ceux des indigènes qui ont bien, très bien servi sous les drapeaux, une marque de gratitude. Nous n'avons pas cru devoir, à la réflexion, faire de droit entrer les anciens militaires susvisés dans les conseils élus. Dans notre esprit, ce que nous voulons avoir dans ces conseils, ce sont des gens aptes à défendre les intérêts économiques ; au surplus quand on examine au fond les choses et quand on voit ce qui se passe dans la plupart des colonies où résident des anciens militaires retraités, on voit que nombre de ces derniers ne se contentent pas de leur modeste pension, mais sont occupés dans les administrations locales ou sont de petits commerçants. Dans le premier cas, ils ne peuvent être éligibles, étant donné qu'ils sont rémunérés sur le budget local et que c'est là une incompatibilité absolue avec les fonctions de délégué, et, dans le second cas, ils entrent dans la catégorie des censitaires que nous avons prévue.

Toutefois, nous avons pensé qu'il est à la fois judicieux et opportun de considérer comme éligibles, en dehors des indigènes inscrits au rôle des patentes ou de l'impôt foncier, tous les anciens officiers et fonctionnaires indigènes bénéficiant d'une pension de retraite. Leurs connaissances sont, en effet, de celles qui peuvent être fructueusement utilisées dans une assemblée.

La vérité, c'est qu'il faudrait, parallèlement à l'accomplissement de la réforme que nous préconisons, favoriser le plus possible les naturalisations, *tout en se gardant de faire des naturalisations en masse.* La naturalisation doit être rendue facile à tous les indigènes dont le loyalisme est incontestable, mais la naturalisation, sans être accordée comme certains le demandent, au compte-gouttes, ne doit être qu'une faveur accordée à ceux qui en sont personnellement dignes. C'est en facilitant l'accession au titre de citoyen français de tous les indigènes qui le méritent et qui le sollicitent que nous arriverons peu à peu à cette collaboration étroite des éléments indigènes (ou issu d'indigènes) et français, collaboration vers laquelle notre proposition de loi tend.

Et pour en revenir à cette condition de cens que nous avons indiquée plus haut et que doivent remplir les indigènes pour être éligibles, nous dirons que nous avons pensé, en l'établissant, fixer une étape nécessaire vers l'application intégrale du principe de la représentation. L'introduction d'éléments indigènes dans quelques conseils locaux, et notamment en Cochinchine, n'a pas été estimée comme devant offrir, dans ces colonies, d'inconvénients. Tout au contraire.

Dès 1880, l'amiral Jauréguibérry, alors Ministre de la Marine et des Colonies, dans le rapport de présentation au Président de la République du projet de décret instituant le conseil colonial de la Cochinchine, écrivait textuellement ceci :

« De grands intérêts sont en jeu dans cette vaste possession. L'administration d'un budget considérable produit par l'impôt engage, dans une large mesure, la responsabilité du Gouvernement local et nécessite un contrôle sérieux.

« Il m'a semblé qu'on ne pouvait laisser plus longtemps en dehors de l'étude de ces graves questions ceux des sujets français qui sont venus apporter dans cette colonie naissante leurs capitaux et leur esprit d'entreprise, et les indigènes, aujourd'hui soumis à notre administration, qui supportent la plus lourde part des charges publiques ».

Depuis 1880, donc depuis quarante-trois ans bientôt, le Conseil Colonial avec six asiatiques *élus,* sur les dix-huit membres dont se compose cette assemblée, et nous ne sachions pas que le Gouvernement, local ou métropolitain, ait eu à regretter d'avoir permis cette accession des indigènes, nommés par leurs pairs, aux droits et prérogatives de représentants véritables, délibérants.

Tout récemment, M. Sarraut a étendu ce même principe aux indigènes du Sénégal et les a fait entrer, toujours par la voie de l'élection, dans le Conseil colonial de cette colonie. Nous ne demandons rien de plus pour celles de nos possessions qui, comme l'Afrique Occidentale, Madagascar, par exemple, n'ont, à l'heure actuelle, pour « examiner » des budgets atteignant, pour la première, près de trois cents millions, que des conseils consultatifs à majorité nommés par les gouverneurs généraux.

D'aucuns, pas très enthousiastes, il faut bien le dire à l'égard de la réforme que nous préconisons, ont objecté qu'on rencontrerait, peut-être, dans des colonies comme l'Afrique Equatoriale et la Côte des Somalis, des difficultés pour constituer un collège électoral indigène important; et partant de là, pour dégager de ce collège réduit des personnalités susceptibles de représenter avec autorité et compétence les intérêts dont ils auront à assurer spécialement la défense, C'est fort possible, au moins pour le moment. Et c'est pourquoi, dans ces deux colonies, nous avons fixé à deux seulement le nombre minimum des indigènes à faire entrer dans l'assemblée locale.

Enfin, la question s'est trouvée posée de savoir si dans l'assemblée, telle que nous la concevons, il fallait établir deux sections distinctes, une française et une indigène, suivant le type de la Conférence consultative de Tunisie.

Après examen de la question, et conformément aux avis autorisés qui nous ont été donnés par de hauts fonctionnaires coloniaux, nous avons cru devoir écarter cette solution. Nous pensons qu'il serait, en effet, regrettable et peut être même dangereux pour notre politique de faire quoi que ce soit qui puisse paraître éloigner les uns des autres européens et indigènes. Au surplus, la politique d'association effective entre les uns et les autres, qui est la politique rationnelle et logique que nous devons poursuivre, doit, avant toute chose, se réaliser par des travaux préparés et faits en commun dans une même assemblée. C'est au sein de cette assemblée que se créera une collaboration qui, tout en faisant disparaître certains malentendus susceptibles d'exister entre les deux éléments de nos populations coloniales sera féconde pour tous.

La partie substantielle de notre proposition réside également dans les attributions que nous voulons voir conférer aux conseils généraux.

A l'heure présente, nous l'avons dit, en dehors du Conseil colonial du Sénégal et du Conseil colonial de la Cochinchine, aucune des assemblées existantes et fonctionnant aux chefs lieux de groupes de colonies ou de colonies autonomes, n'a de capacités délibératives. Or, nous estimons qu'il faut leur en donner, tout en posant les garanties pour que d'une manière quelconque, directe ou indirecte, la France, sous la figure des pouvoirs publics métropolitains, ne voit dans ses colonies discuter ni même mettre en discussion le principe de sa souveraineté.

Ceci dit, résumons en quelques lignes :

Les attributions du Haut Conseil Colonial sont, dans notre proposition, nettement et effectivement délibératives.

L'article 5 de la dite proposition énumère les matières sur lesquelles l'assemblée peut délibérer. En réalité, elle a toutes possibilités de discuter toutes les questions qui s'appliquent au budget, aux emprunts, aux plans de campagne des travaux publics, etc., mais, et c'est là une innovation qui à nos yeux ne présente aucun inconvénient, le conseil général peut, sur une proposition de délibération signée du tiers au moins de ses membres, mettre à son ordre du jour toutes questions d'ordre administratif, économique ou financier. Seule la discussion des questions politiques lui est, et lui demeure interdite.

Quand on compare les textes qui régissent actuellement, soit les conseils de gouvernement, soit les conseils d'administration (simples chambres d'homologation des propositions gouvernementales) et même les Conseils coloniaux de la Cochinchine et du Sénégal, on voit que cette faculté accordée aux assemblées locales de prendre telle initiative de discussion qu'il leur convient sous la seule réserve qu'un tiers des membres y sera consentant, constitue un progrès considérable sur l'état de choses existant.

Sans doute, il en est qui jugeront cette faculté ainsi accordée prématurée. Nous pensons, nous, que nos compatriotes, colons, industriels, commerçants, pour ne citer que les représentants français aux assemblées à constituer, nous ont assez donné de marques de sagesse et connaissent assez les intérêts des colonies qu'ils habitent et que leur labeur fait fructifier pour que nous soyons pas avance, assurés que ce droit d'initiative ne jouera qu'à bon escient.

D'autre part, pour répondre à cette nécessité, que nous considérons comme fondamentale, d'affirmer dans nos possessions d'outre-mer le principe de la souveraineté française, nous proposons d'imposer aux colonies toute une série de dépenses dont le minimum sera fixé chaque année par décret.

Ces dépenses, dite dépenses obligatoires, sont celles qui permettent d'assurer le fonctionnement des grands services publics et de donner aux fonctionnaires du cadre métropolitain la situation matérielle et morale à laquelle ils ont droit.

Ces dépenses, dites dépenses obligatoires, sont celles qui pertuant les conseils généraux des colonies assimilées à sénatus-consulte, comme la Guadeloupe, la Martinique et la Réunion.

Cette disposition se retrouve d'ailleurs dans les textes instituant les conseils généraux des colonies assimilées à sénatus-consulte, comme la Guadeloupe, la Martinique et la Réunion.

En ce qui concerne maintenant l'ensemble des délibérations que pourront prendre les hauts conseils coloniaux tels que nous les concevons, nous pouvons, au point de vue de leurs applications, les classer en trois catégories :

1° *Délibérations relatives aux dépenses dites facultatives.* — Dans notre proposition de loi, nous affirmons par notre article 8 que ces dépenses facultatives ne peuvent, en aucun cas, être modifiées par le gouverneur général ou par le gouverneur. Celui-ci les rend exécutoires par arrêté pris dans le mois qui suit la clôture de la session.

Par dépenses facultatives, nous entendons toutes celles autres que celles indiquées dans l'article 6, qui sont ce que nous avons appelé des dépenses de souveraineté. Elles s'appliquent aux travaux publics, à l'enseignement, à l'assistance médicale française et indigène, etc., etc.

Sur ce point, comme on le voit, nous donnons aux assemblées locales une très grande latitude ;

2° *Pour les délibérations qui se rapportent à des matières autres que les dépenses facultatives, elles ne devront être exécutoires qu'avec l'assentiment du gouverneur général ou du gouverneur.* — Si celui-ci, pour une raison quelconque, ne croyait pas devoir les approuver, il devrait dans un délai de quinze jours, les soumettre à un nouvel examen de l'assemblée locale, et alors deux hypothèses sont envisagées :

1° L'accord se fait entre le chef de la colonie et le haut conseil colonial. Dans ce cas, le premier par arrêté rend ladite délibération exécutoire ;

2° Dans le second cas, le Ministre des Colonies s'érige en juridiction d'appel et, si le Ministre estime devoir suivre le gouverneur, il doit prononcer par décret l'annulation des délibérations contestées. Cette annulation doit intervenir dans un délai de quatre mois pour les colonies de l'océan Atlantique et de six mois pour les autres colonies. Le délai court du jour de la session où les délibérations dont il s'agit auront été votées. Passé ce délai, elles deviennent définitives.

Les dispositions qui précèdent sont inspirées de la loi de finances du 30 juin 1918 s'appliquant aux délibérations des conseils généraux des colonies à sénatus-consulte.

3° Reste, enfin, une troisième catégorie de délibérations : *c'est celle se rapportant aux emprunts contractés* par les colonies et aux garanties pécuniaires à consentir, ainsi que celles concernant le mode d'assiette et le mode de perception des taxes et des contributions autres que les droits de douane. Ces délibérations, dans le texte que nous vous proposons, ne deviendront définitives qu'après une approbation par le Ministre sous forme de décret *rendu après avis du Conseil d'Etat.*

En résumé, les délibérations auxquelles pourront se livrer les hauts conseils coloniaux des colonies auxquelles s'applique notre proposition de loi seront classées, au point de vue de leur application, en trois catégories :

Les unes applicables immédiatement, sans que l'intervention de l'administration locale et, à plus forte raison, de l'administration métropolitaine, intervienne ;

Les secondes supposant l'approbation des chefs de colonies et, à son défaut, celle du Département ;

Les troisièmes nécessitant l'approbation du Département par décret rendu en Conseil d'Etat.

Il y a là une procédure qui s'inspire des idées décentralisatrices dont tant de coloniaux, à commencer par M. Albert Sarraut, se sont fait les champions :

« Dans des pays en pleine évolution, où des problèmes nouveaux chaque jour surgissent, qui veulent des solutions immédiates par la souplesse de législations opportunes, il ne faut plus voir les règlements élaborés par l'autorité locale n'entrer en vigueur que plusieurs années après leur confection, après avoir couru des tropiques à la rue Oudinot, un périple à l'issue duquel le temps et les événements ont rendu souvent caduques et sans objet la plupart de leurs dispositions. Le pouvoir local doit être plus maître aussi de l'organisation et de la discipline de son personnel qui, en vertu de textes dont la légalité reste contestable, reste au pouvoir règlementaire métropolitain ».

Ces lignes sont du Ministre actuel des Colonies. Nous les avons recueillies dans l'exposé de motifs du projet de loi portant fixation d'un programme général de mise en valeur des colonies françaises. Nous avons pensé qu'elles trouvaient ici une place tout indiquée.

L'article 11 de notre proposition de loi laisse au Département le soin de fixer, dans un délai déterminé, les conditions et modalités de l'application de notre proposition de loi, dans les colonies intéressées. Le même décret aura à fixer la composition et les attributions inspirées des dispositions qui précèdent, dans les diverses colonies du groupe de l'Afrique occidentale et de l'Afrique équatoriale françaises. Il est, en effet, évident qu'une proposition de loi, si précise qu'on ait voulu la faire, ne pouvait, en raison même de la différence entre les colonies au point de vue de leur degré d'évolution, entrer dans les détails.

Nous avons voulu fixer, par un texte législatif, un cadre général dans lequel on put enfermer l'organisation des assemblées locales dans chacune de nos colonies. Il y a, en effet, des principes qui étaient applicables à toutes sans distinction ; ce sont ces principes que nous nous sommes efforcés de définir dans les articles 2 à 10 que nous avons analysés.

Quant au fonctionnement des hauts conseils coloniaux, dont nous avons voulu déterminer par voie législative, par conséquent d'une manière rigoureuse, les règles générales de composition et les attributions, il appartient au Ministre des Colonies de l'assurer. C'est ainsi, par exemple, qu'il aura dans son acte organique à fixer la durée du mandat ; à statuer sur les réclamations auxquelles pourront donner lieu les élections ; à déterminer le nombre, la date d'ouverture et la durée des sessions, etc.

Restait une question délicate à trancher c'est celle de l'institution, dans les pays de protectorat du Maroc et de la Tunisie, d'assemblées délibérantes. Il est de toute évidence que ce qui peut être réalisé demain, conformément aux vœux d'une grande partie de la population tunisienne, et dans la matière qui nous occupe, en Tunisie, ne peut être fait au Maroc. Ce pays, où la colonisation française est évidemment très importante, où l'élite des indigènes possède des facultés remarquables, est encore, en certains de ses points, incomplètement pacifié. Au surplus, ces pays ont des souverains locaux, et toute réforme accomplie dans le régime représentatif des diverses fractions de la population doit l'être en collaboration avec ces souverains, et voilà pourquoi, estimant qu'il y a lieu soit pour la Tunisie de transformer l'assemblée locale dite consultative, sur les bases générales de notre proposition de loi ; soit pour le Maroc, de créer une assemblée dont les pouvoirs pourraient être, avec le temps, considérablement élargis. Il nous a paru nécessaire de laisser au Ministre des Affaires Etrangères le soin de régler ces diverses questions par décret, dans un délai de dix mois.

Légiférant sur l'ensemble de notre domaine d'outre-mer, il nous était impossible de ne pas comprendre, dans la vaste réforme que nous soumettons à votre approbation, des Français et des populations résidant dans ces deux parties importantes de l'Afrique du Nord.

PROPOSITION DE LOI

ARTICLE PREMIER

Il est institué dans chacun des groupes de colonies de l'Indochine, de l'Afrique Occidentale française et de l'Afrique Equatoriale française et dans chacune des colonies de Madagascar, de la Côte des Somalis, des établissements français de l'Océanie et de Saint-Pierre et Miquelon, une assemblée dite Haut Conseil Colonial dont la composition et la désignation des membres français et indigènes sont fixées dans les articles suivants.

Aux membres français dont se compose le Conseil général de la Nouvelle-Calédonie, et sans qu'il soit apporté de modification au mode de désignation de ces membres et aux attributions dudit conseil, seront adjoints deux membres indigènes élus dans les conditions fixées par les articles 2 et 3 de la présente loi.

ART. 2.

Le Haut Conseil colonial de chacun des groupes de colonies et de chacune des colonies désignées ci-dessus est composé ainsi :

Indo-Chine : 36 membres dont 12 membres indigènes au moins ;

Afrique Occidentale française : 36 membres dont 12 membres indigènes au moins ;

Madagascar et dépendances : 30 membres dont 8 membres indigènes au moins ;

Etablissements français de l'Océanie : 16 membres dont 2 indigènes au moins ;

Saint-Pierre et Miquelon : 15 membres ;
Afrique Equatoriale française : 16 membres dont 2 indigènes au moins ;

Côte des Somalis : 15 membres dont 2 indigènes au moins.

ART. 3

Les membres du Haut Conseil colonial sont désignés par la voie de l'élection.

Les électeurs sont groupés en deux collèges distincts, l'un français, l'autre indigène, désignant chacun ses représentants. Sont électeurs :

1° Au titre français : tous les citoyens français âgés de plus de vingt et un ans, résidant dans la colonie depuis plus de six mois et jouissant de leurs droits civils et politiques ;

2° Au titre indigène : tous les indigènes nés dans la colonie et y résidant, âgés de plus de vingt cinq ans sachant parler couramment le français et n'ayant subi aucune condamnation.

Tous les citoyens français et indigènes remplissant les conditions déterminées ci-dessus et désirant prendre part au vote devront figurer sur deux listes électorales dont les règles d'établissement seront déterminées par le décret d'administration publique prévu à l'article 11.

ART. 4

Sont éligibles :

A) Au titre français : les citoyens français âgés de vingt-cinq ans, jouissant de leurs droits civils et politiques, domiciliés dans la colonie depuis deux ans au moins ;

B) Au titre indigène : 1° tous les indigènes électeurs inscrits sur le rôle des patentes ou de l'impôt foncier ; 2° tous les anciens officiers et anciens fonctionnaires indigènes bénéficiant d'une pension de retraite.

Les fonctionnaires publics, agents et employés permanents de l'Administration, rétribués sur les fonds des budgets généraux ou locaux des colonies ou pays de protectorat sont inéligibles pendant la durée de leurs fonctions et pendant les six mois qui suivront leur radiation des contrôles de l'activité par suite de démission, destitution ou pour toute autre cause.

ART. 5.

Réserves faites pour les droits de douane qui demeurent soumis aux dispositions des lois en vigueur et notamment à celles de la loi du 11 janvier 1892, le Haut Conseil Colonial délibère :

1° Sur toutes les questions relatives à tous impôts ou taxes perçus ou à percevoir, notamment l'assiette, le taux et le mode de perception de ces impôts ou taxes ;

2° Sur les emprunts à contracter à la colonie ;

3° Sur les plans de campagne des travaux publics prévus tant sur le budget ordinaire que sur le budget extraordinaire ou sur les fonds d'emprunt ;

4° Sur les comptes définitifs ;

5° Et, en général, sur toutes questions d'ordre administratif, économique et financier dont il sera saisi, soit par le chef de la colonie, soit par une proposition de délibération signée du tiers au moins de ses membres.

ART. 6.

Le budget est délibéré par le Haut Conseil colonial et arrêté par les gouverneurs généraux ou gouverneurs. Toutes les dépenses inscrites au budget sont classées en dépenses obligatoires et dépenses facultatives.

La nomenclature et le minimum des dépenses obligatoires dont l'initiative est réservée au chef de la colonie est établie par décret dans les formes prévues à l'article 55 de la loi de finances du 30 juin 1918. Ces dépenses obligatoires comprennent notamment :

1° Les intérêts des emprunts et, en général, toutes les dettes exigibles résultant soit des engagements ou traités passés en force de choses jugées, soit de convention, baux et autres engagements ;

2° Les frais de représentation des gouverneurs, de loyer, d'ameublement et d'entretien de leurs hôtels, des frais de secrétariat ;

3° Les frais de fonctionnement des services organisés par décret et par arrêté ministériel ;

4° Les fonds secrets ;

5° Les subventions, contributions ou contingents au profit de l'Etat, tels qu'ils sont fixés par les lois et décrets en vigueur.

Les crédits pour dépenses facultatives peuvent être augmentés par l'administration en cours d'exercice par voie de prélèvement sur le chiffre des dépenses imprévues au moyen de disponibilités dûment constatées sur d'autres articles du budget. Elles ne peuvent subir de réduction qu'au profit d'une autre dépense facultative.

ART. 7.

Toutes les délibérations prises par le Haut Conseil colonial, qu'elles s'appliquent aux matières du budget ou à toutes autres matières énumérées dans l'article 5, ne sont rendues exécutoires qu'après un arrêté pris par le chef de la colonie.

ART. 8.

Les dépenses facultatives votées par le Haut Conseil colonial ne peuvent en aucun cas être modifiées par le gouverneur général ou le gouverneur, qui les rendent exécutoires par arrêté pris dans le mois qui suit la clôture de la session.

ART. 9.

En cas de refus d'approbation par le chef de la colonie d'une ou plusieurs délibérations prises par le Haut Conseil colonial et se rapportant à des matières autres que les dépenses facultatives, ces délibérations sont soumises, dans un délai de quinze jours, à un nouvel examen de l'assemblée. Si l'accord ne peut arriver à se faire entre le Conseil général et l'Administration locale, celle-ci saisit sans retard le Ministre des Colonies des délibérations qu'elle n'a pas cru devoir sanctionner. Ces délibérations peuvent être annulées par décret rendu sur le rapport du Ministre des Colonies. Cette annulation doit intervenir dans un délai de quatre mois pour les colonies de l'Océan Atlantique et de six mois pour les autres colonies. Ce délai court du jour de la session où les délibérations dont il s'agit auront été votées pour la seconde fois. Passé ce délai, elles deviennent définitives.

Art. 10.

Ne sont applicables qu'après avoir été approuvées par décrets en Conseil d'Etat :

1° Les délibérations du Haut Conseil colonial relatives aux emprunts contractés par la colonie et aux garanties pécuniaires à consentir ;

2° Celles concernant le mode d'assiette et les règles de perception des taxes et contributions autres que les droits de douane ;

Ces décrets devront être rendus dans les neuf mois de la date de clôture de la session où les délibérations auront été prises. Passé ce délai, ces délibérations seront considérées comme approuvées ; elles deviendront définitives et exécutoires.

Si le Conseil d'Etat estime qu'il y a lieu de procéder à un complément d'information ou que la délibération qui lui est soumise ne peut être approuvée qu'après certaines modifications, son avis indique les pièces et les renseignements à produire ou les modifications qu'il juge nécessaire d'apporter au texte dont il est saisi.

Cet avis est communiqué d'urgence au Ministre des Colonies qui, dans les quinze jours de sa réception, le notifie au président du Haut Conseil colonial par l'intermédiaire du gouverneur. Cette notification interrompt le délai de neuf mois ci-dessus spécifié.

Art. 11.

Un décret d'administration publique rendu dans les six mois qui suivront la promulgation de la présente loi déterminera les conditions et modalités de son application dans les colonies intéressées. Il fixera la composition et les attributions inspirées des dispositions qui précèdent dans les diverses colonies des groupes de l'Afrique occidentale et de l'Afrique équatoriale françaises.

Art. 12.

Un décret rendu sur le rapport du Ministre des Affaires Etrangères instituera, sur les bases générales indiquées dans la présente loi, une assemblée représentative élue dans les pays de protectorat de la Tunisie et du Maroc.

Art. 13.

Sont et demeurent abrogées toutes les dispositions contraires à celles édictées par la présente loi.

Marseille. — Imprimerie du *Sémaphore*, BARLATIER, rue Venture, 17-19.

Imprimerie
du ''Sémaphore''
Barlatier
17-19, rue Venture
Marseille

www.ingramcontent.com/pod-product-compliance
Lightning Source LLC
LaVergne TN
LVHW011036050726
842519LV00004B/1395